Contenido

Pregunta esencial 2

Lectura corta 1
Tomar decisiones. Proverbios de Ben Franklin 4

Las hormigas y la cigarra 5

Lectura corta 2
Déjalo crecer. El negocio en auge de los mercados campesinos 6

Lectura de estudio de palabras 1
La lechera.. 10

Desarrolla, piensa, escribe................................... 11

Lectura larga 1
En tiempos difíciles.. 12

Lectura de estudio de palabras 2
Dos hermanos tontos 20

Desarrolla, piensa, escribe................................... 21

Lectura larga 2
De fruta a conserva: una sabrosa lista de opciones 22

Lectura de estudio de palabras 3
¿Dónde obtienes tus productos agrícolas? 30

Desarrolla, piensa, escribe................................... 31

Desarrollo del idioma español.................................... 32

Apoyo para la conversación colaborativa 36

Qué significa cada palabra.............. Interior de contraportada

El uso del tiempo y del dinero

pregunta esencial

¿Qué dicen de nosotros nuestras decisiones económicas?

Lectura corta 1

Recuerda hacer tus anotaciones mientras lees.

Notas

Tomar decisiones

La economía estudia la forma en que la gente usa los recursos. Los recursos son materias primas, tierras y herramientas. También son el tiempo y el talento para prestar servicios útiles o hacer buenos productos. ¿Cuánto tiempo debe una persona dedicar al trabajo? ¿Cuánto debe ahorrar o gastar? En la historia siempre se ha asesorado para hacer buenas elecciones en economía.

Proverbios de Ben Franklin

Benjamin Franklin fue uno de los fundadores de Estados Unidos. Era científico, inventor, pionero, escritor y pintor. Entre 1732 y 1758, publicó cada año El Almanaque del pobre Richard, *con historias, información del tiempo, consejos para el hogar y proverbios sobre trabajo y dinero.*

1. No malgastes el tiempo ni el dinero; haz el mejor uso de ambos.

2. Si un hombre puede vaciar su billetera en su cabeza, nadie le podrá robar nada.

3. El camino a la riqueza depende solo de dos palabras: trabajo y ahorro.

4. Acostarse temprano y levantarse temprano hacen a un hombre rico, sabio y sano.

5. Un centavo ahorrado es un centavo ganado.

Las hormigas y la cigarra
Esopo

Esopo fue un narrador de la antigua Grecia. Vivió en el siglo VI a. C. y contó muchas fábulas. Las fábulas tienen una moraleja o lección que nos dice cómo comportarnos o actuar. Su fábula "La hormiga y la cigarra" trata sobre las recompensas del trabajo duro.

6   Un día soleado a finales de otoño, una familia de hormigas trabajaba duro secando los granos que habían almacenado en el verano. Una cigarra hambrienta, con su violín bajo una pata, se acercó a pedirles un bocado para comer.

7   —¡Cómo! —gritaron las hormigas, sorprendidas—, ¿no almacenaste para el invierno? ¿Qué hiciste en todo el verano pasado?

8   —No tuve tiempo de almacenar comida —gimió la cigarra—. En las mañanas dormía bajo el sol; en las tardes, tocaba mi violín, y en las noches, bailaba sin parar. El verano se fue sin darme cuenta.

9   Las hormigas se encogieron de hombros, disgustadas. Le dieron la espalda y continuaron trabajando.

10   **Moraleja: En días de abundancia conviene prepararse para tiempos de escasez.**

Lectura corta 2

Recuerda hacer tus anotaciones mientras lees.

Déjalo crecer
El negocio en auge de los mercados campesinos

Lisa Benjamin

1   Un negocio local que sigue creciendo son los mercados de granja. En los últimos diez años, se ha duplicado el número de estos mercados en pueblos y ciudades. Hoy, el Departamento de Agricultura de Estados Unidos (USDA) cuenta más de 8,000, y siguen aumentando. ¿Por qué se han convertido en un éxito? ¡Por elección del consumidor!

2   Una opción es comer más sano. Los estudios demuestran que debemos incluir verduras y frutas frescas y saludables en nuestra dieta. Hoy, el USDA aconseja comer más frutas y verduras que en el pasado. Como resultado, la demanda de productos agrícolas frescos ha aumentado en los últimos veinte años. Las tiendas de comestibles informan de que han triplicado las ventas de estos productos desde la década de 1990, al igual que los mercados agrícolas. En estos mercados, los consumidores pueden comprar productos frescos para comer más sano.

Texto informativo: Estudios sociales

Los mercados de granja venden frutas, verduras y otros bienes. Sus productos son locales y frescos.

3   Hay otra razón para este éxito. La gente no solo quiere hacer elecciones saludables para su físico, sino que también tratan de tomar buenas decisiones para sus comunidades. Una forma es comprar comida local. Así, apoyan a sus agricultores locales.

4   El escritor sobre alimentos Michael Pollan dice: "Hay una explosión de mercados de granja. Cuando compramos allí, apoyamos la agricultura local, lo que trae muchos beneficios: los agricultores permanecen en la comunidad, evitamos que la tierra sea ocupada con casas y centros comerciales, ¡y vivimos la experiencia de comprar en estos mercados!".

5   Entonces, ¿cómo funciona un mercado de granja? Temprano en la mañana, los camiones llegan al lugar designado. Los camiones están llenos de un sinnúmero de frutas, verduras y otros productos frescos. Primero, los agricultores aparcan sus camiones y, luego, comienzan a descargar sus productos.

Los agricultores venden productos especiales, como estas berenjenas.

6   Después, los agricultores limpian, organizan su puesto y cuelgan avisos. Los avisos contienen los nombres de los productos y sus precios.

7   Los clientes han llegado, así que los agricultores hacen otra parte de su trabajo: ser vendedores. Muchos le han dedicado tiempo a conocer a sus clientes. Eso es bueno para su negocio. La gente tiende a comprarle más a las personas a las que les han comprado antes.

8   Otra buena razón para conocer a sus clientes es que así los ayudan a tomar buenas decisiones de negocio. Se enteran de lo que les gusta y la cantidad de dinero que pueden gastar. Por ejemplo, si los clientes compran gran cantidad de ingredientes para una ensalada, el agricultor puede venderles otros productos asequibles que van bien con ensaladas. Podría venderles pan fresco o aderezos caseros. Ellos surten sus puestos con productos que saben que sus clientes necesitan y quieren.

Texto informativo: Estudios sociales

9 Los mercados de agricultores responden a una demanda: proveen productos locales y frescos que benefician al consumidor. La gente que quiere alimentos saludables, cultivados en granjas locales, compran en estos mercados.

10 En un mercado de granja, clientes y agricultores hablan y comparten. Así, el cliente llega a ser leal a ese agricultor; compra "la marca" de ese agricultor. Los clientes leales tienden a comprar nuevos productos del mismo agricultor, y estas nuevas ventas hacen crecer su negocio.

11 Los mercados de granja se realizan a la misma hora y el mismo día de la semana. Las personas están pendientes de ir al mercado. Se trata de un acontecimiento social. Allí se reúnen con amigos. Prueban alimentos. A veces, tocan músicos locales. Todos se divierten. "El mercado de granja es la nueva plaza pública", afirma Pollan. "Son muchos los valores que se apoyan cuando se compra en los mercados de granja".

Muchas escuelas y agricultores locales trabajan juntos para preparar almuerzos saludables y deliciosos.

Lectura de estudio de palabras 1

Recuerda hacer tus anotaciones mientras lees.

Notas

Cuento popular

La lechera

1   Había una vez una niña adorable que ordeñaba vacas en la pequeña granja de su madre. Cada mañana, tras ordeñar, la niña ponía un cubo de leche en su cabeza. Luego iba al mercado para venderla fresca. Era un trabajo ingrato y la chica anhelaba una vida mejor.

2   Un día caluroso, camino al mercado, la niña empezó a soñar despierta. "Cuando obtenga dinero por la leche, compraré gallinas jóvenes", pensó. "En poco tiempo, pondrán huevos, que venderé al panadero del pueblo todos los días. ¡Y él los usará para crear deliciosos pasteles!".

3   Su sueño se hizo más fantasioso. "También les venderé huevos frescos a muchos otros panaderos", pensó. "Mi negocio será muy exitoso y rentable. Entonces, compraré ropa bonita y joyas valiosas. ¡Incluso podría comprar una casa muy grande! Por supuesto, todos sentirán envidia de mi riqueza y posesiones. Pero no me importará. ¡Sacudiré mi cabeza y sonreiré!".

4   Este sueño delicioso le pareció tan real a la niña que sacudió juguetonamente la cabeza. Al hacerlo, el cubo cayó y la leche se derramó. La niña regresó a su casa ese día llorando y sin haber vendido una gota de leche.

5   "Niña tonta", dijo su madre al conocer su falta de cuidado, "vas a quedarte sin dinero si solo sueñas con lo que quieres. Y eso no es aceptable. Hay que trabajar duro para hacer tus sueños realidad".

DesarrollaPiensaEscribe

Ampliar los conocimientos

Usa información de las lecturas para responder a las instrucciones o preguntas.

Decisiones económicas		
Elige uno de los proverbios de Ben Franklin y explícalo en tus propias palabras.	**¿Cuál es tu interpretación de "Las hormigas y la cigarra"?**	**¿Cómo aplicarías lo que aprendiste en "Déjalo crecer" para crear un mercado campesino en tu ciudad?**

Piensa

¿Qué dicen de nosotros nuestras decisiones económicas?

Con base en los textos de esta semana, anota otras ideas y preguntas que tengas sobre la pregunta esencial.

_____
_____
_____
_____

Investigación y escritura

Texto informativo/explicativo

Piensa en un producto que tu familia y tú usan todos los días e investiga cómo se produce. Presenta tus resultados en un ensayo informativo.

Elegir un tema

Esta semana, haz una búsqueda preliminar para identificar un producto que quisieras investigar. Elabora tres o más preguntas guía para enfocar tu investigación en la información que necesitas para escribir tu ensayo.

Lectura larga 1

Recuerda hacer tus anotaciones mientras lees.

Notas

En tiempos difíciles

Yanitzia Canetti

1   Muchas cosas pueden cambiar en mi vida. Mi familia dice que corren tiempos difíciles... En tiempos difíciles, puede que no podamos usar los videojuegos ni ver la tele todos los días. "Hay que ahorrar energía", dice mamá.

2   Pero podemos leer buenos libros e inventar juegos nuevos. ¡Será divertido!

Ficción realista

3   En tiempos difíciles, puede que no podamos ir a un restaurante todos los fines de semana. "Hay que gastar menos", dice papá.

4   Pero entre todos podemos preparar una comida bien sabrosa y sentirnos más a gusto en casa. ¡Qué rico!

5   En tiempos difíciles, puede que no podamos comprar ropa nueva a cada rato.

6   —Tenemos suficiente —dice mamá.

7   Pero podemos regalar la ropa que ya no usamos. Podemos cuidar más la ropa que tenemos. ¡Y hasta podemos añadir detalles para que la ropa luzca diferente!

8   En tiempos difíciles, puede que no podamos viajar en las vacaciones. "Conoceremos mejor nuestra ciudad", dice mamá.

9   Papá puede trabajar en casa. Puede reparar los muebles de los vecinos. Puede arreglar mi silla rota. Puede inventar muebles increíbles. ¡Y puede pasar más tiempo con nosotros!

10 En tiempos difíciles, puede que no podamos tener tantos juguetes. "¡Ya tienen muchos!", dice papá.

11 Pero podemos regalar los juguetes que no usamos. También podemos crear nuestros propios juguetes. ¡Y podemos hacer juguetes para otros niños!

Ficción realista

12 En tiempos difíciles, puede que no podamos viajar en las vacaciones. "Conoceremos mejor nuestra ciudad", dice mamá.

13 Podemos hacer una lista de actividades divertidas. Podemos visitar los museos de la ciudad, pasear por los parques cercanos, viajar a lugares lejanos a través de los libros de la biblioteca, ¡y jugar con los niños del barrio!

14 En tiempos difíciles, puede que no podamos ir a las clases de ballet o de karate.

15 —Haremos otras actividades —dice papá.

Notas

16 Podemos asistir a cursos gratuitos de la comunidad. Podemos enseñarles a otros niños lo que nosotros aprendimos en las clases de ballet y de karate.

17 En tiempos difíciles, puede que no podamos ir a los campamentos de verano. "¡Es hora de explorar en familia!", dice mamá.

18 Podemos hacer caminatas por el campo, comenzar una colección de cosas maravillosas, ir a pescar al río, tener un almuerzo en el parque ¡y hasta podemos ver juntos el atardecer!

19 Podemos hacer trucos de magia que nadie se sepa. Podemos preparar obras graciosas y contar los chistes de la familia. ¡Podemos improvisar!

Ficción realista

20 En tiempos difíciles, puede que no podamos contratar al payaso o al mago en mi cumpleaños. "¡Llegó la hora de actuar!", dice papá.

21 En tiempos difíciles, puede que no podamos ir en carro a todas partes. "¡Es hora de hacer ejercicio!", dice mamá.

22 Podemos caminar a la tienda de la esquina e ir en bici a visitar a los vecinos. Será fabuloso disfrutar al aire libre, compartir en familia y mantenernos saludables.

23 Podemos elegir los objetos más útiles y así nos quedará más espacio para jugar. Podemos divertirnos decorando la casa. ¡Y podemos encontrar más fácilmente las cosas perdidas!

24 En tiempos difíciles, puede que tengamos que vender objetos que no son tan útiles. "¿No crees que tenemos demasiado?", pregunta papá.

25 En tiempos difíciles, puede que tengamos muchas dudas. "Pregunten lo que quieran; estamos en familia", dice papá.

26 Podemos compartir lo que pensamos y aportar buenas ideas para solucionar problemas. Podemos colaborar con las labores de la casa. ¡Y podemos conocernos mejor!

27 Mi hermana y yo podemos buscar un modo gracioso de hacer sonreír a mamá y papá. En tiempos difíciles, puede que mamá y papá estén a veces un poco preocupados. "Pero estamos juntos", dice mamá.

Ficción realista

28   Podemos ir a vivir por un tiempo a casa de los abuelos o de los tíos. Abuelo nos contará chistes. Abuela nos hará comidas riquísimas. ¡Y podemos jugar con los primos todos los días! En tiempos difíciles, puede que tengamos que mudarnos de la calle Sunflower. "Tendremos una casa más bonita algún día", dicen mis padres.

29   Sí, mi familia tiene razón. Corren tiempos difíciles. Pero si estamos juntos y buscamos soluciones, todo será más fácil. "Después de la tormenta, brilla el sol", dice abuela Aurora.

Lectura de estudio de palabras 2

Recuerda hacer tus anotaciones mientras lees.

Cuento popular

Dos hermanos tontos

1. Fred y Finn decidieron hacer dinero vendiendo productos en un mercado de la aldea. "Tú vendes los impecables y dulces melocotones de tu patio", dijo Fred con un optimismo incomparable, "y yo venderé mis inigualables rosquillas".

2. En el mercado, instalaron sus puestos uno frente al otro. El negocio era lento y Fred tenía hambre. En su bolsillo encontró una moneda de 25 centavos y fue a comprarle un melocotón a su hermano. "¡Es mi primera venta!", pensó Finn. "¡El negocio empieza a moverse!".

3. Después Finn se sentía hambriento. Fue al puesto de Fred y le compró una rosquilla sin sal. Le dio la moneda de 25 centavos que se había ganado. "¡El negocio está andando!", pensó Fred.

4. "Un melocotón me resulta insuficiente", pensó Fred unos minutos después. "Con la moneda que acabo de ganar compraré otro". Así que fue al puesto de Finn y compró otro melocotón.

5. Finn seguía con hambre y volvió al puesto de Fred a por otra rosquilla. Ellos iban y venían, hasta que todos los melocotones y las rosquillas desaparecieron.

6. "¡Nuestros productos se acabaron!", dijo Finn felizmente. "¡Seguro hicimos un montón de dinero! Pero cuando vaciaron sus bolsillos, descubrieron que solo tenían una moneda de 25 centavos. Se quejaron, muy disgustados.

7. —¡Veinticinco centavos! ¡Eso es lo que yo tenía al principio! —dijo Fred, incrédulo. Los hermanos desmontaron sus puestos y caminaron tristes a casa, meneando la cabeza con perplejidad.

DesarrollaPiensaEscribe

Ampliar los conocimientos

Rellena la tabla de secuencia de sucesos para el cuento "En tiempos difíciles" y luego responde la pregunta.

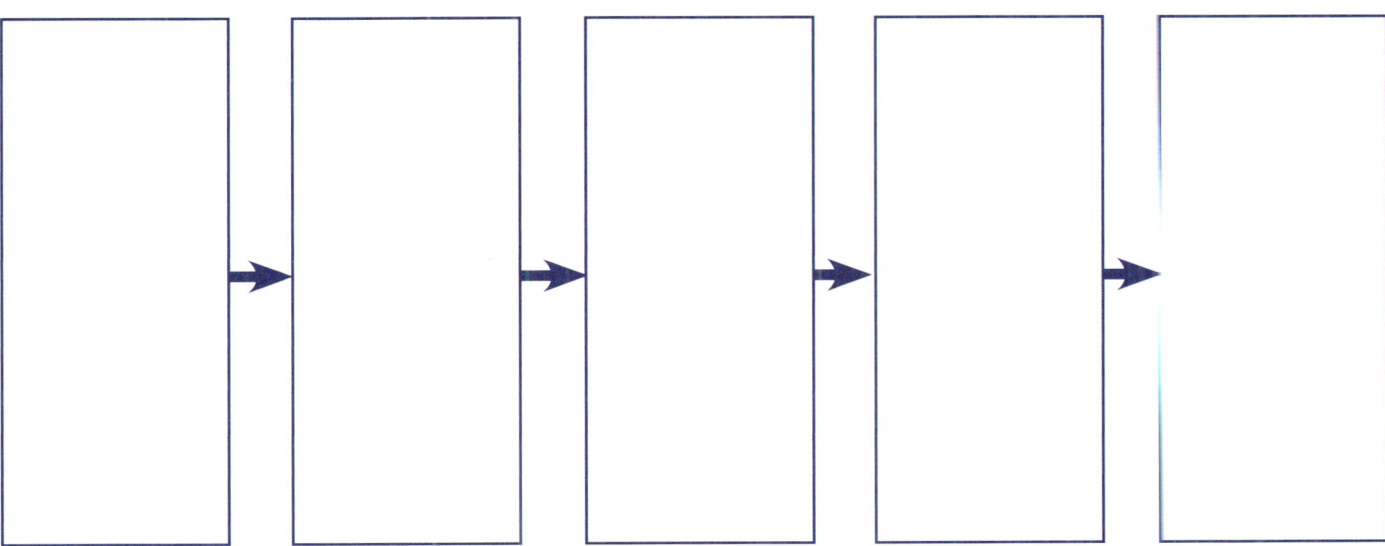

¿Qué aprendiste sobre las decisiones económicas en este cuento?

Piensa

¿Qué dicen de nosotros nuestras decisiones económicas?

Con base en los textos de esta semana, anota otras ideas y preguntas que tengas sobre la pregunta esencial.

_____
_____
_____
_____

Investigación y escritura

Texto informativo/explicativo

Piensa en un producto que tu familia y tú usan todos los días, e investiga cómo se produce. Presenta tus hallazgos en un ensayo informativo.

Investiga

Usa tus preguntas guía para la investigación de esta semana. Recopila información de al menos tres fuentes impresas y en línea. Usa tus fuentes para planificar tu ensayo.

Lectura larga 2

Recuerda hacer tus anotaciones mientras lees.

De fruta a conserva: una sabrosa lista de opciones

Alan Wood

1 ¿Cómo escogen las empresas los productos que venden? Toman decisiones. Escogen qué productos fabricar y vender. Seleccionan las materias primas. Piensan cómo hacerlos y empaquetarlos. Deciden dónde venderlos y a quién. Luego, deciden cómo transportar el producto a los mercados de su condado, país o incluso del mundo. Las decisiones que toman muestran cómo las opciones escogidas pueden afectar la economía.

Tomar decisiones

2 La mermelada es uno de los productos más populares del mundo. En el desayuno, endulza las tostadas. A la hora del almuerzo, es la compañera ideal de la mantequilla de nuez en un sándwich. Las compañías estadounidenses producen alrededor de mil millones de libras de mermelada o jalea en un año. Pero ¿de dónde proviene y cómo llega a los consumidores o clientes?

Texto informativo: Estudios sociales

Cultivar las naranjas

3   Al igual que la jalea, la mermelada es una conserva de frutas. Las hay de muchos sabores. Una de las más conocidas es la mermelada de naranja. Se prepara de la naranja entera, con cáscara y semillas. Las cáscaras y semillas son las que hacen que sea tan espesa y firme.

4   El primer paso es producir la fruta. Los agricultores siembran huertos de naranjos. Tienen que escoger el mejor lugar y decidir cuáles son las mejores semillas. También deben prestar atención al tiempo, pues las heladas pueden acabar con las naranjas, por lo cual deben tener calentadores listos. Todas son decisiones importantes. Cuando las naranjas están en su punto, los trabajadores las recogen y las envían a las plantas procesadoras de alimentos. Ahora sí, la elaboración de mermelada puede comenzar.

Las decisiones de los agricultores influyen en el aspecto y el sabor de las naranjas.

Cuando las naranjas están listas, son llevadas a las plantas procesadoras.

Fabricar la mermelada

5   A menudo, la gente hace mermelada de naranja en casa. El proceso de elaboración en las fábricas es semejante. Sin embargo, la cantidad es mucho mayor. Además, los fabricantes utilizan equipos que no se encuentran en una cocina. El proceso completo tiene varios pasos. Estos son:

6   Se trituran las naranjas.

7   Las naranjas previamente trituradas se hierven con azúcar y otros ingredientes.

8   Se enfría la mezcla de fruta triturada.

9   Existen dos métodos o tipos de procesos. Los fabricantes de mermelada deben escoger entre el método de la cacerola abierta o el de la cacerola al vacío.

Para hacer mermelada, las naranjas se trituran y se ponen en agua.

Cuando hierve el agua, las naranjas se mezclan con el azúcar y otros ingredientes.

Texto informativo: Estudios sociales

Elegir el método correcto

10   El método de la cacerola abierta es el que utilizan los cocineros caseros y los agricultores. Los agricultores usan este método cuando venden su mermelada en los mercados de granja. Hierven la fruta en una cacerola grande de cobre, sin tapa. Lo hacen para que el sabor de la mermelada sea más casero. Muchas personas piensan que el sabor casero es mejor. Este tipo de mermelada se vende bien en los mercados de granja. El método de la cacerola abierta es mejor para este mercado.

11   El otro método utiliza un equipo llamado cacerola al vacío, que es un recipiente sellado. Muchas empresas escogen este método. Es más rápido que la técnica anterior y requiere menos combustible. Esto ayuda a la empresa a ahorrar dinero y producir gran cantidad de mermelada. Sin embargo, ese sabor casero se pierde.

Los grandes fabricantes de mermelada usan el método de la cacerola al vacío.

Decidir cómo hacer la mermelada

12   Las compañías deciden qué materiales utilizar. Examinan de cerca y vuelven a examinar sus opciones. Para la mermelada de naranja, tienen que escoger qué tipo de azúcar usar. Algunos usan azúcar blanca y otros, azúcar morena. El azúcar blanca es menos costosa y tiene mejor sabor, pero no es tan saludable como el azúcar morena. A veces, las empresas añaden otros ingredientes, como el jengibre, para cambiar el sabor de la mermelada.

13   Una vez producida la mermelada de naranja, las empresas deben empacarla, y generalmente lo hacen en frascos de vidrio. Esto la mantiene fresca. También imprimen etiquetas para los frascos. La etiqueta frontal debe ser llamativa para atraer a los clientes en las tiendas.

Algunas empresas utilizan azúcar morena para hacer mermelada.

Esta trabajadora revisa la mermelada en frascos de vidrio en una fábrica.

Texto informativo: Estudios sociales

Dar una marca a la mermelada

14   Una etiqueta les dice a los clientes algo especial sobre la mermelada. Por ejemplo, puede mencionar si las naranjas fueron cultivadas en un huerto orgánico. La agricultura ecológica se ha convertido en una moda que está influyendo en el mercado. Requiere que los agricultores sigan ciertas prácticas que la gente considera más seguras y saludables. Las empresas que siguen estas prácticas añaden la palabra "orgánica" en sus etiquetas. De esa manera, atraen a los clientes que compran productos orgánicos. Eso hace que su mermelada sea especial.

15   Una vez empacada la mermelada, se envía a las tiendas para volver a llenar los estantes. El producto preenvasado se transporta en trenes y camiones a los supermercados del país. Los agricultores también pueden vender su mermelada en un mercado de granja. Ahora, los consumidores deciden cuál es su mejor opción.

Las empresas deciden qué tipo de etiqueta ponen en sus frascos.

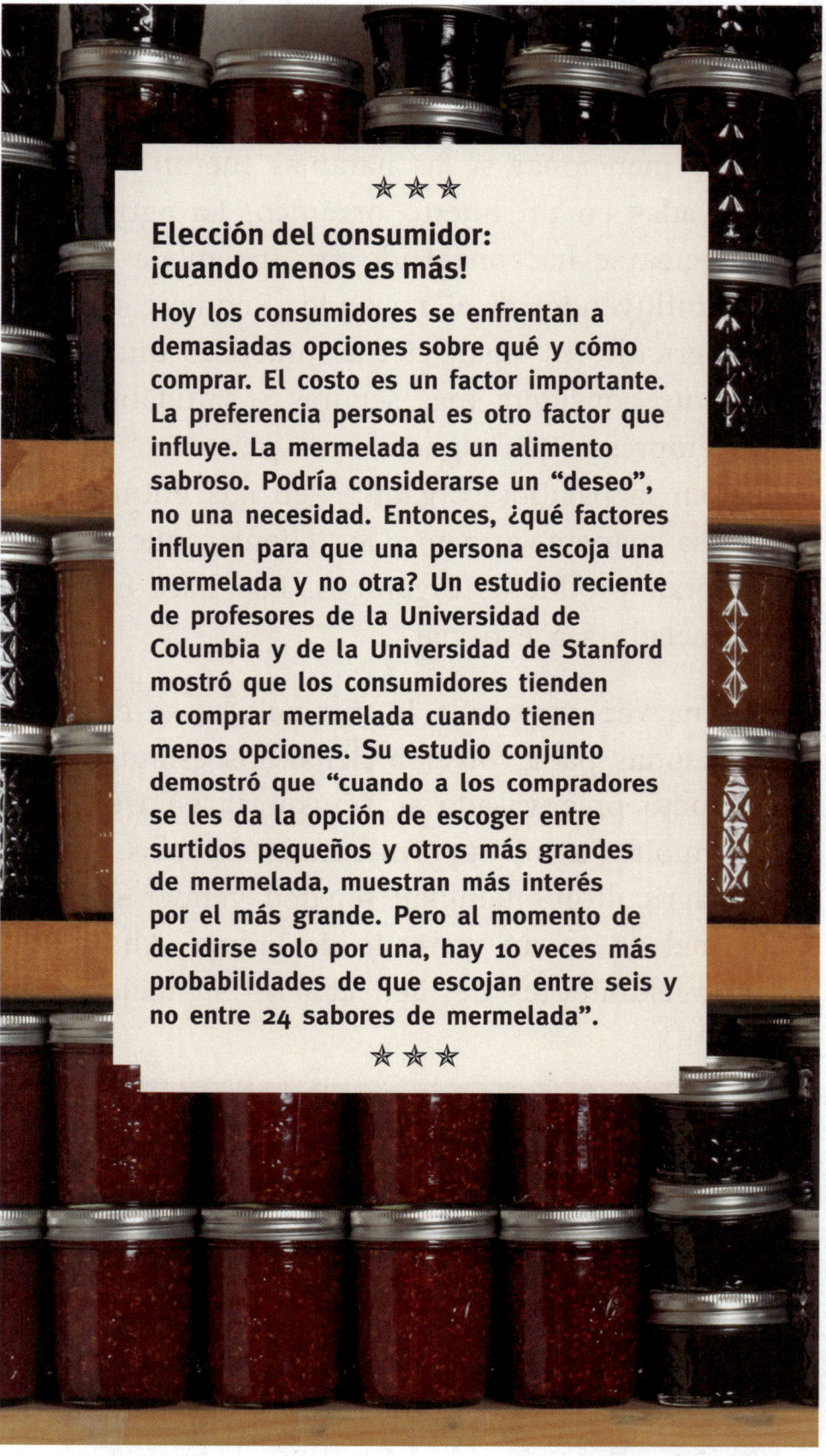

✶✶✶
Elección del consumidor: ¡cuando menos es más!

Hoy los consumidores se enfrentan a demasiadas opciones sobre qué y cómo comprar. El costo es un factor importante. La preferencia personal es otro factor que influye. La mermelada es un alimento sabroso. Podría considerarse un "deseo", no una necesidad. Entonces, ¿qué factores influyen para que una persona escoja una mermelada y no otra? Un estudio reciente de profesores de la Universidad de Columbia y de la Universidad de Stanford mostró que los consumidores tienden a comprar mermelada cuando tienen menos opciones. Su estudio conjunto demostró que "cuando a los compradores se les da la opción de escoger entre surtidos pequeños y otros más grandes de mermelada, muestran más interés por el más grande. Pero al momento de decidirse solo por una, hay 10 veces más probabilidades de que escojan entre seis y no entre 24 sabores de mermelada".

✶✶✶

Texto informativo: Estudios sociales

16 La mermelada es un ejemplo de cómo se hacen y se venden los productos. Su elaboración muestra las decisiones que las empresas toman antes de que el producto llegue a manos del cliente. Las buenas decisiones ayudan a una empresa a ser exitosa.

En una tienda, escoger es responsabilidad del cliente.

Fabricación y venta de mermelada: de la granja a la tienda

1. Cultivar naranjas en huertos
2. Recoger las naranjas de los árboles
3. Enviar las naranjas a las plantas procesadoras
4. Hervir las naranjas para hacer mermelada
5. Empacar la mermelada en frascos de vidrio
6. Pegar etiquetas a los frascos
7. Enviar la mermelada a las tiendas

Lectura de estudio de palabras 3

Recuerda hacer tus anotaciones mientras lees.

Notas

Texto informativo: Estudios sociales

¿Dónde obtienes tus productos agrícolas?

1   ¿Estás aburrido de manzanas harinosas y lechugas flojas? ¿Cansado de las bayas empacadas? ¿Tus tomates parecen viejos? Puedes reconsiderar tus opciones de compra y obtener productos frescos de la granja. Esta opción te beneficia a ti y a los agricultores de tu región.

2   En algunos lugares, las familias se unen a un club de compras y encargan una caja semanal de productos agrícolas. Hacen un preacuerdo con agricultores y entregan las cajas a domicilio a los clientes. En general, los envases se reciclan y reutilizan. Estos clubes son una buena forma de probar gran cantidad de productos locales.

3   La gente de las ciudades puede unirse a una cooperativa de alimentos, que es como una tienda de abarrotes cuyos propietarios son sus miembros. A cambio de su inversión, los miembros compran alimentos a un menor costo. Muchos ofrecen frutas y verduras de la región y reabastecen sus productos con frecuencia.

4   Los agricultores suelen abrir sus granjas para ofrecer productos frescos. Quizás tengas la presuposición de que es algo aburrido, pero deja ese prejuicio. Elegir productos frescos es una actividad divertida para la familia, desde niños de prekínder hasta abuelos.

5   ¿Reconsiderarás dónde adquirir tus productos agrícolas? ¡En tu comunidad seguro que hay opciones interesantes!

DesarrollaPiensaEscribe

Ampliar los conocimientos

Usa la siguiente tabla de secuencia de sucesos para enumerar los pasos en la preparación de mermelada y luego responde la pregunta.

1.

2.

3.

¿Qué preferirías ser, un gran fabricante de mermeladas o un fabricante casero? ¿Por qué?

Piensa

¿Qué dicen de nosotros nuestras decisiones económicas?

Con base en los textos de esta semana, anota otras ideas que tengas sobre la pregunta esencial.

Investigación y escritura

Texto informativo/explicativo

Piensa en un producto que tu familia y tú usan todos los días, e investiga cómo se produce. Presenta tus hallazgos en un ensayo informativo.

Escribe tu relato

Usa los resultados de tu investigación para hacer un borrador, revisar y editar tu ensayo. Comparte el ensayo con tus compañeros.

Desarrollo del idioma español

Pautas para la investigación/utilizar hechos y detalles

▶ **Piensa en un producto que tu familia y tú usan todos los días e investiga cómo se produce. Presenta tus hallazgos en un ensayo informativo.**

En la tabla que aparece a continuación escribe algunos detalles que necesites para tu ensayo y escribe por qué son importantes en la columna derecha.

Detalle	Por qué es importante
¿Cuál es el producto?	
¿Qué características tiene?	
¿Cómo se produce?	
¿Dónde se produce?	
¿Quiénes lo usan?	

Cognados

producto	
producir	
produce	
producción	

¿Qué otros derivados de la palabra *producto* conoces?

¿Son todos cognados?

Usar hechos y detalles del texto para apoyar tu ensayo. Investigar y recopilar datos

Lo que necesito	Lo que uso para apoyar mi ensayo

Entre compañeros

- En el texto _____ dice que _____.
- Creo que es importante porque _____.
- Esta información apoya mi ensayo porque _____.

Organizar el texto informativo

Tabla para organizar un ensayo informativo

Partes del ensayo	Mis ideas
Tema	
Foco	
Cuerpo del ensayo/detalles	
Conclusión (resumen de detalles)	

> **Entre compañeros**
> - El tema principal de mi ensayo es _____.
> - Los detalles en que baso mi ensayo son _____.
> - La conclusión de mi ensayo es que _____.

Palabras que ayudan a desarrollar mi ensayo

Para señalar…	…usa estas palabras
Características del producto	tiene, es, se usa para, podría ser, además, y, presenta, también
Citas de textos	dice, afirma, sugiere, sostiene, comenta, según, tiene la opinión
Conclusión	en definitiva, finalmente, para concluir, mientras, pero, en resumen, en conclusión,

> **Entre compañeros**
> - Voy a usar las palabras _____ para desarrollar mi ensayo sobre _____ de la siguiente manera: _____.

Desarrollo del idioma español

Ampliar el vocabulario académico

Vocabulario académico

El vocabulario académico es vocabulario especializado de un tema que nos puede servir para explicar detalles específicos. Cuando escribimos un texto informativo es importante incluir vocabulario académico para demostrar conocimiento del tema.

Palabra	Ejemplo
economía	
manufactura	
materiales	

Entre compañeros
- Uso la palabra _____ para describir _____.
- Por ejemplo, _____.

Oraciones: simples, compuestas y complejas

Las oraciones simples son aquellas que tienen un solo predicado. Se denominan compuestas las oraciones que están formadas por dos o más oraciones simples, pero que no dependen la una de la otra. Las oraciones complejas, por último, son oraciones con dos o más proposiciones que están relacionadas entre sí. Cuando escribimos un ensayo informativo usamos los tres tipos de oraciones para enriquecer nuestro lenguaje.

Oraciones			
Simples	**Compuestas**	**Complejas**	
La mermelada es una conserva de frutas.	Los productores ofrecen la mermelada y los consumidores eligen la mejor opción.	Tienen que decidir cuáles son las mejores semillas.	

Entre compañeros

Construye una oración de cada tipo para completar la tabla.

Utilizar las normas del español

El adjetivo antes o después del sustantivo puede generar un cambio de significado o de énfasis

Adjetivo antes del sustantivo	Adjetivo después del sustantivo
El mercado de granja es un **gran** negocio	El mercado de granja está en un negocio **grande**.
El USDA recomienda comer **varias** frutas	El USDA recomienda comer frutas **varias**

Entre compañeros

Escribe el adjetivo correcto en cada caso.

- Los consumidores prefieren alimentos _____.
- Los mercados de granja ofrecen un _____ producto.

Banco de palabras

buen

bueno

saludables

¡Tu turno!

1. Completa la oración usando la palabra que corresponda en cada caso.

Piensa: Este es un párrafo de un texto informativo sobre la producción de la mermelada escrito con oraciones simples, compuestas y complejas. Debes completar las oraciones con la palabra que corresponda en cada caso.

La mermelada es un ___ muy popular.	producto, producir, producción
En las granjas recogen los frutos ____ en las plantas procesadoras elaboran la mermelada.	y, pero, mientras
Los productores deben tomar _____ decisiones para que los consumidores elijan su mermelada.	buen, malas, buenas
La mermelada es un ejemplo de cómo se producen y se venden los productos en nuestra _____.	economía, manufactura, materiales

Apoyo para la conversación colaborativa

Pautas de conversación

Comparte una nueva idea u opinión...
Creo que _____.

Noto que _____.

Mi opinión es _____.

Un suceso importante fue cuando _____.

Toma la palabra...
Me gustaría añadir _____.

Disculpa por interrumpir, pero _____.

Eso me hace pensar que _____.

Amplía la idea u opinión de un compañero...
También creo que _____.

Además, _____.

Otra idea es _____.

Expresa acuerdo con la idea de un compañero...
Estoy de acuerdo con [Nombre] porque _____.

Estoy de acuerdo en que _____.

Pienso que es importante porque _____.

Expresa desacuerdo mostrando respeto...
No estoy de acuerdo con [Nombre] porque _____.

Entiendo tu punto de vista, pero creo que _____.

¿Tuviste en cuenta que _____?

Haz una pregunta aclaratoria...
¿Qué quisiste decir cuando dijiste _____?

¿Estás diciendo que _____?

¿Puedes explicar qué quieres decir con _____?

Aclara para los demás...
Quise decir que _____.

Estoy tratando de decir que _____.

Roles del grupo

Director de debate:
Tu rol es guiar la conversación del grupo y estar seguro de que todos tienen la oportunidad de participar.

Redactor:
Tu trabajo es anotar las ideas y comentarios que comparten los miembros del grupo.

Moderador:
Controlarás el tiempo que ha pasado y ayudarás a tus compañeros a seguir con el debate.

Animador:
Tu rol es motivar y apoyar a los miembros de tu grupo.

Qué significa cada palabra

Palabra	Mi definición	Mi oración
semanal (p. 30)		
consumidor (p. 6)		
problemas (p. 18)		
elaboración (p. 23)		
negocio (p. 6)		
orgánico (p. 27)		
preferencia (p. 28)		
técnica (p. 25)		
transportar (p. 22)		
valores (p. 9)		

Ampliar los conocimientos a través de 10 temas relacionados

Gobierno y ciudadanía

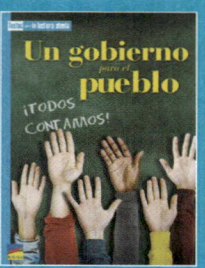

Personajes

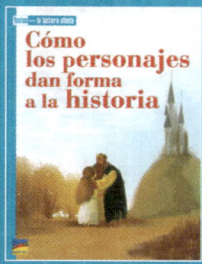

Biociencias

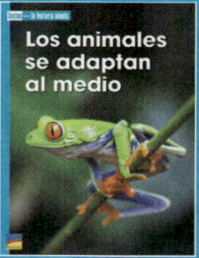

Puntos de vista

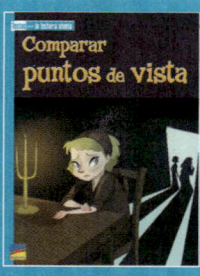

Tecnología y sociedad

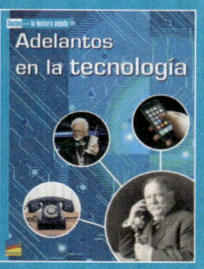

Temas

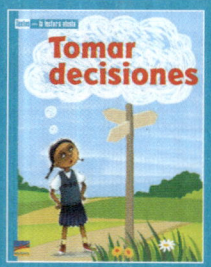

Historia y cultura

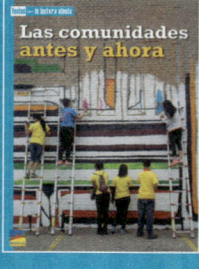

Ciencias de la Tierra

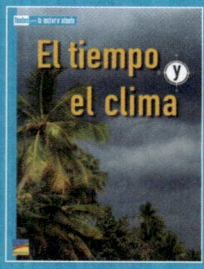

Economía

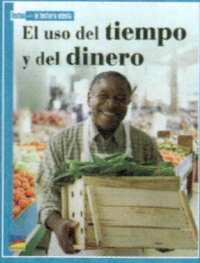

Ciencias físicas

Grado 3 • Unidad 9

ISBN-13: 978-1-5021-6782-8
9 781502 167828
Y23597

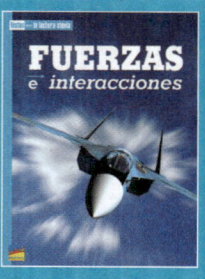

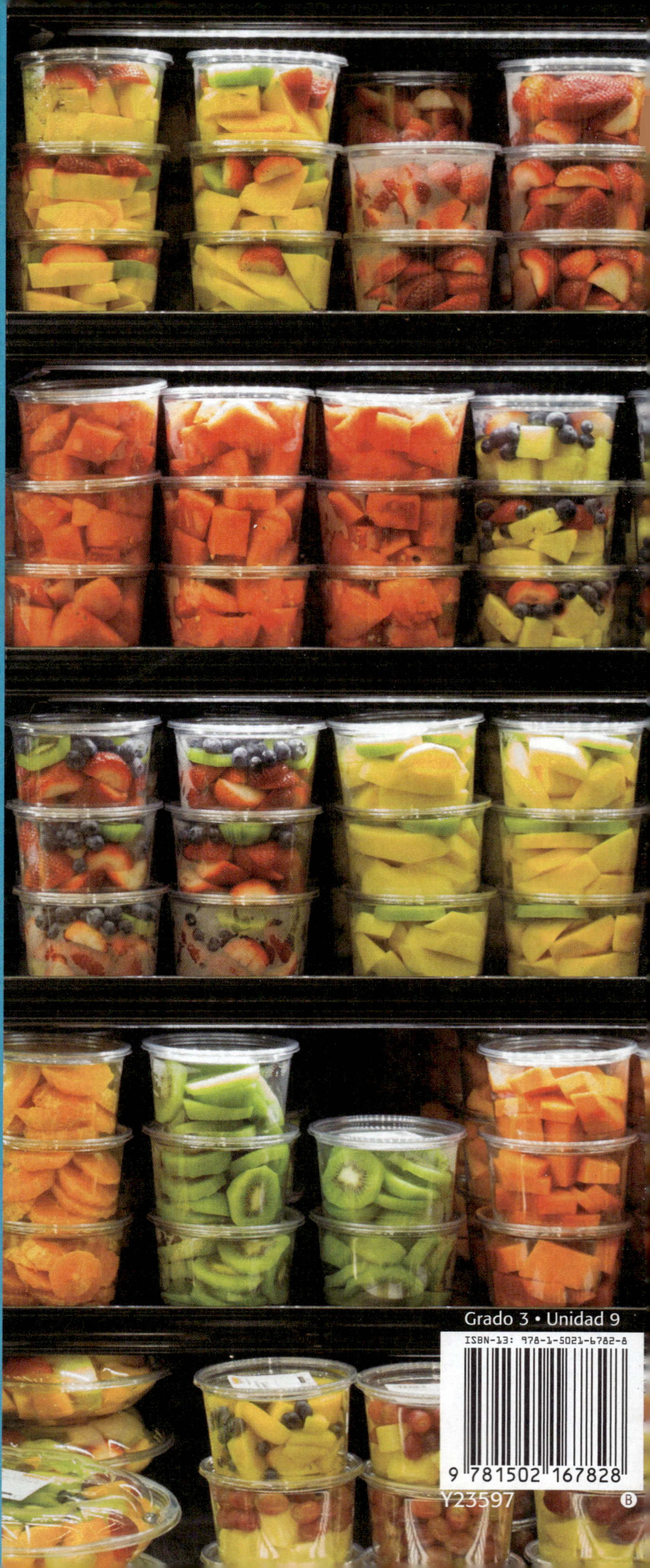

Benchmark UNIVERSE.COM
BENCHMARK EDUCATION COMPANY